Poèmes pour l'univers

Du même auteur :
Chansons, Éditions Clé, 1979; *Poèmes pour demain*, Éditions Naaman, 1981; *Le Poème des objets*, Éditions Naaman, 1983; *Renaissance*, Éditions Naaman, 1985; *Les fruits de la pensée*, Plaines, 1991.

Merci au Conseil des Arts du Canada
et au Conseil des Arts du Manitoba
pour l'appui financier apporté à la
publication de cet ouvrage.

La couverture et les illustrations de ce livre
ont été produites par le Dr Mircea Dumitriu avec
le «Desktop Fractal Design System –
IBM version 2.0» de Michel F. Barnsley,
publié par Academic Press, Inc., San Diego, CA., 1992

Données de catalogage avant publication (Canada)
Dumitriu van Saanen, Christine
Poèmes pour l'univers
Poèmes
ISBN 2-921353-06-7
1. Titre.
PS8557.U53P64 1993 C841/.54 C93-098113-8
PQ 3919.2.D85P64 1993

Dépôt légal : 3e trimestre 1993, Bibliothèque nationale du Canada

Directeurs : Annette Saint-Pierre et Georges Damphousse

Christine Dumitriu
van Saanen

Poèmes pour l'univers

Les Éditions des Plaines
Case postale 123
Saint-Boniface (MB)
R2H 3B4

À Mircea et Alexandre

Le poète et l'Univers

Tu meurs chaque fois qu'un geste
efface ta naissance.
Tu ressuscites chaque fois que ta joie
gonfle la poitrine d'un oiseau chanteur.
Le chaos s'organise pour t'accompagner
sur le chemin de la croix, vers l'espoir
de l'appartenance à l'univers qui est en toi.
Ensemble, vous traversez le désert du trou noir,
jusqu'à la source de l'étoile filante.
Ensemble, vous ignorez les commandements
du démon qui tue les ailes de l'espace.
Ensemble, vous recomposez les cycles des
vies figées dans le silence.
Les cloches de la victoire résonnent pour
tes années-lumière.
Ta prière évoque le début du temps.

L'Univers est...

Temps Zéro

La paix règne absolue,
infiniment accordée au nontemps, au nonespace,
lourde du désir d'accouchement.
Le nonrien invente des fluctuations spontanées,
singularités d'intelligence fertile,
créées à l'image de sa volonté.
L'univers revient de très loin,
avec des nids d'étoiles et de vies,
diminué jusqu'à la gestation.
C'est le prélude au début,
soupir d'éternité brisée dans le miroir
de l'ubiquité.
C'est le courage de l'énergie solitaire
pour la manifestation de l'imperfection.
C'est peut-être...
l'impatience de Dieu.

Créateurs,

le chaos de l'aube vous appartient!
Il est là, pour vos croyances approximatives,
qui ne riment qu'avec le premier saut aléatoire.
Les mailles du désordre condensent la beauté
de l'ensemble dans le regard du reste.
Le rien se vide de sa volupté d'agir
pour engendrer l'évolution de la symétrie.
Les cordes de l'espace vibrent
sous l'archet des instants.
Offrez la glaise de la non-existence aux avenirs riches
en pouvoirs éclatés dans la parole des oracles!

Singularités

Concentration ultime
d'espace-temps-matière
début et fin d'allégories spectaculaires,
formatées dans l'esprit
de la simplicité prémonitoire,
signal d'éclats
dans les prochaines migrations galactiques,
trinité chantant à l'unisson les marches funèbres
des cascades cosmiques.

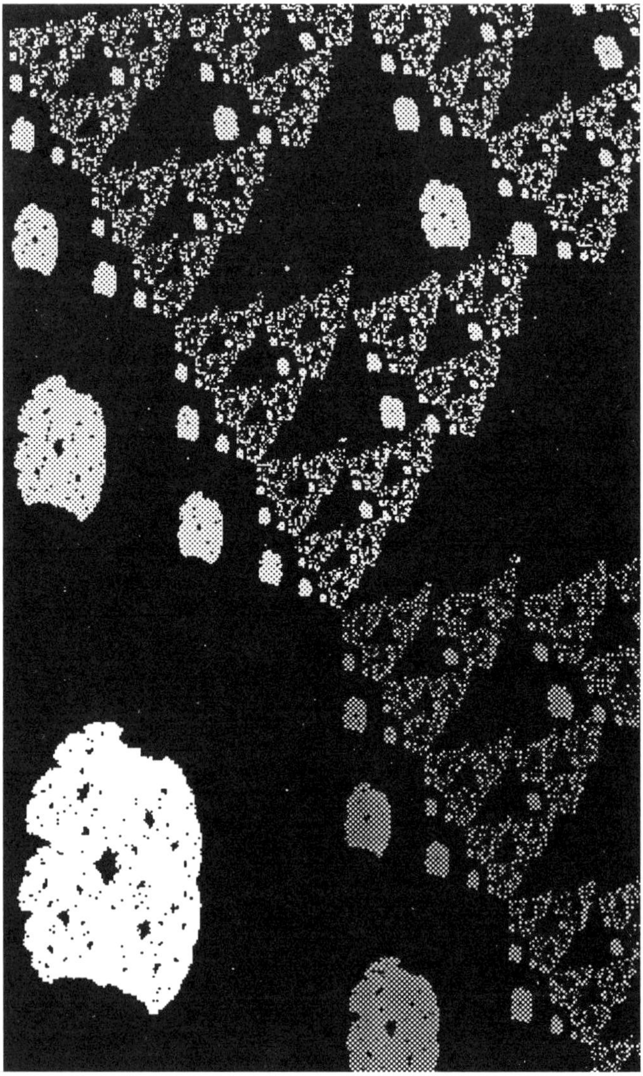

Cause-effet

Nulle cause ne partage son erreur
avec les témoins de l'effet.
Le vide, seul, joue aux dés.
Secondes moins secondes,
foetus de départ
dans l'alvéole de la chance.
Les monstres quittent la demeure
de leur première aberration
et le regard découvre, après,
son canevas de géométrie.

Expansion

Aimant caché dans les entrailles des tumeurs,
la fertilité des géants à naître
assure l'épanouissement.
Fréquences hautes et basses,
chanson des facettes entre les angles du cristal,
travaillant la lumière sur des champs d'extase.

Matière

Poussières prométhéènes, semées à tous les vents
de cohésion,
délire des quantas, en lutte contre l'inexorable
croissance de l'entropie.

Il n'y a pas assez de souffle pour respirer
l'Intervalle de l'Univers qui sépare
les solitudes-événements.
Des lambeaux de masse refont la trame du temps,
vers le passé.

Spectacle de l'imagination spontanée,
quarks, de charme et de bizarrerie,
acteurs du hasard.

Évolution

L'enfant sans nombril porte son berceau d'espace-temps
dans le combat des éclairs.
Il triomphe de toutes les probabilités,
il exerce son habilité
sur la reproduction
des éternités.
Sa douleur augmente la justesse des grands nombres
pour les choses minuscules.
Les débuts se croisent,
les fins se font et se défont.

Anti-matière

Personnages des anti-scènes,
jouant le rôle des anti-permanences.
Concave remplace le convexe,
la foudre tombe sur la satiété,
flammes dansantes pour le sacrifice du paradis.
L'enfant qui naît sera son propre aïeul.

Rayonnement fossile

Montagnes nonpyramidales,
contour terni du rouge globulaire.
Parmi les chimères enceintes d'octaèdres,
les courbes font leurs danses angulaires.
De la réalité s'élève l'arbre-parapluie,
tronc, bourgeons, dichotomie fertile,
chou-fleur des bronches infectées qui se divisent,
monstres en monstres similaires,
dans la paume des inventeurs pressés,
vies fractionnées, morts successives,
désir de spectre pour le blanc,
imperfections des sphères.
Les serpents naissent de l'ensemencement des textures.
L'incendie brûle les feux
jusqu'à l'entièreté de l'étoile noire.
Une lueur mate traverse la brisure de l'horizon.

Red-shift

Quel ensoleillement attire les royaumes
des nébuleuses qui se séparent?
Leur brillance décale le spectre
vers le pourpre et l'écho
des luminosités rebelles
diminue en tout lieu.
Inconnues sont les voies des raies célestes
animées d'une fuite universelle.

Ondes-particules

La frousse des étoiles
invite le reflet
au paradis dual.
Il restera de leur silence,
l'hémorragie de la chaleur,
aurore du soleil tremblant.

Canevas

Plus dense le réseau des incertitudes épanouies
plus monotone l'écoulement des rotations transgressives
plus illusoire la démarcation des continuités
plus insolubles les noyaux de perfection
plus imperceptible la trajectoire des anticorps
plus translucide la nuit des lumières.

Refroidissement

Elles tombent de moitié
les valeurs des intégrales pyrogènes,
sommes d'inconstances brûlantes
multipliées par elles-mêmes
entre des limites chaotiques
d'un univers spatialement fini
ou de l'infinité d'univers différents.

Grand Attracteur

Nous rêvons le monde,
la congruence
des parties simples,
l'omniprésence du réel-irréel.
Au-delà de cette illusion
il n'y a que stupeur.
L'ensemble des étoiles désincrustantes
s'évanouit sur la route
du Grand Attracteur.

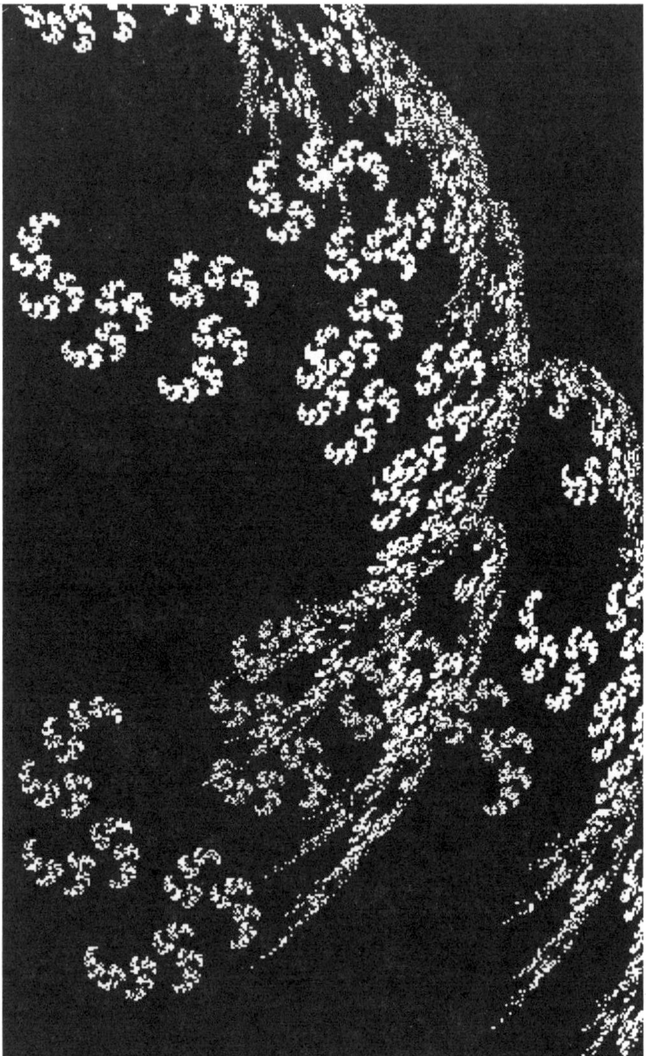

Galaxies

Relief taillé dans les parois de l'absence,
foudres bipolaires des transparences évanouies.

Les spirales jumelles
transmettent leur splendeur,
par itérations,
à l'arrivée tardive
des hyperboles ressuscitées.

Hymne des chutes cosmiques
en gouttes de passé.

Mini-trous noirs

Caillots dans les artères des photons,
paralysant le flux de l'énergie.
Des corps noircis par l'anticouleur
envoient des vibrations à l'envers
sur les chemins de mort prématurée.
Les couronnes en charbon
couvrent le front des anges,
microscopique enfer des gigantesques permanences.

Comète

Chevelure ondulatoire étendue
sur la forêt des vents.
Pétales de marguerites hyperboliques
couronnent le front du noyau minuscule.
Des orbites fortement allongées,
quasi paraboliques
touchent la peau de Jupiter,
qui regarde la queue
d'une frêle créature spectaculaire,
s'opposer à la caresse du soleil.

Réalités des quanta

Pluriel d'un monde sans limites.
De chaque mot fleurit un nous multiple,
car ce qui bouge est aussi bien épave.
Fixées sur la rétine du hasard,
des entités partagent leur sourire
entre la nuit et l'onde du regard.
Vie ou trépas, dans la maison-surprise,
s'adaptent aux différents décors.
Un être, prisonnier de son tableau,
serait fonction de plusieurs amplitudes.

Forces

Les volontés latentes brisent la coquille sans lieu.
L'intuition efface l'ordre solitaire.
Le souvenir du présage traverse les orbites.
Plus tard, il y a des loins qui se poursuivent.

Dynamique

Racines d'incrédulité,
sable du rêve.
L'espoir crève sur le seuil du doute.
Aucune présence ne se fixe,
la mutation perce les noyaux.
Un univers s'écrit et se décrit
par luminiscences,
ciel de récompense
sur les lèvres de la terre.
Pour qui marche le devenir?

Clarté des clartés et tout est clarté.

Perpetuum mobile

Multiple de multiples,
grands nombres de parité, d'imparité,
imaginaires,
multiples d'eux-mêmes, de toute grandeur
réelle ou virtuelle,
en champs de forces,
d'incandescence en incandescence
gélules de matière,
cellules de rotations.
Tourne, tourne
mémoire des poussières...

Causalité stellaire

Les ténèbres épousent la jeunesse
des crépuscules migrateurs.

Leurs rayons éclairent la conscience
d'une réalité continue.

Les regards bénissent les tombeaux
des lumières muettes.

Trous noirs

Depuis des années-lumière,
ils cherchent le défaut
dans la vocalisation des formes abstraites,
car, au fond de leur incandescence,
ronge la bactérie des horloges éteintes,
des routes sans issue,
pour leur divinité perdue,
astres trahis, au firmament des aliénés.

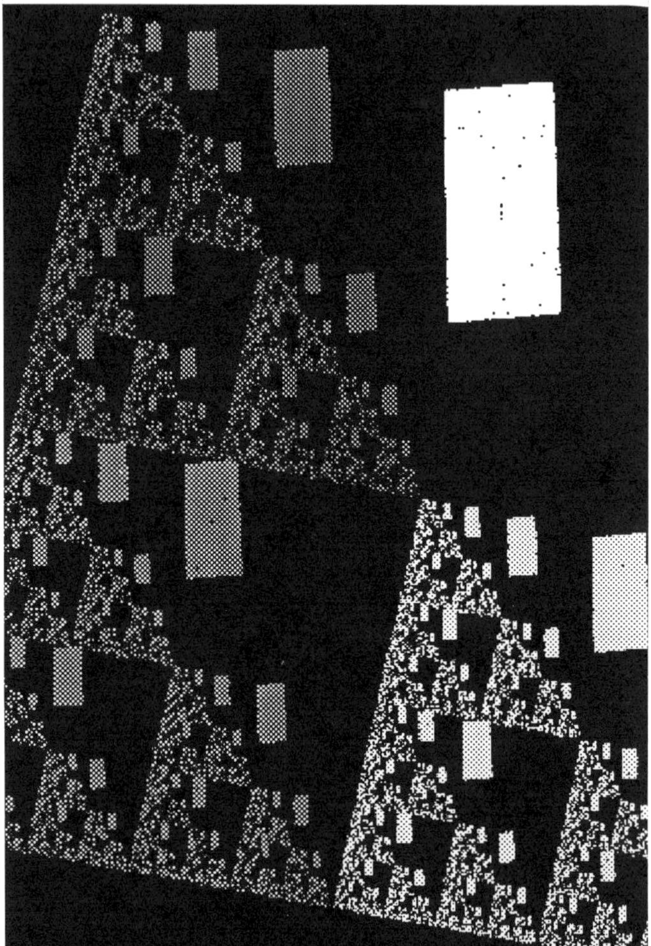

Univers parallèles

Toute réalité se multiplie
à travers des lentilles successives,
pour retrouver la même lassitude,
la même transgression,
le même espace,
voyage sans retour
des voies lactées,
comblées de génies en parallèles.
Les épopées transitoires
ressemblent aux mondes de partout.
Pour chaque vie, une autre mime l'ombre,
pour chaque mort, une autre entend le glas.

Incertitude

Statique imprégnée de mobilité.

Ici devient ailleurs dans la tâche
de l'accomplissement.

D'incertitude est bâtie la perception du fait.

Déclin

La démence détruira la symétrie
de la première apothéose.
Un arbre mort vivra la fièvre
de l'ensevelissement.
L'un après l'autre,
les lendemains iront
dormir dans les feuilles d'espace.
Le peintre des tumeurs mettra des taches
de lune sur le visage de la nuit.
Quel jour se lèvera plus tard?
C'est le déclin d'une croyance.

Flèches du temps

Altitude perdue des fraîcheurs qui se lassent,
projection de naissance sur la toile d'après.
L'avenir se souvient de la force motrice
qui poursuit dans l'erreur le multiple des jours.
(Flèche psychologique)

L'eau s'affole en vapeur, tout système s'oriente
vers l'état sans rigueur.
(Flèche thermodynamique)

L'expansion fait subir aux départs généreux
le passage immédiat vers d'immenses valeurs.
(Flèche cosmologique)

Cycles pleins d'univers, dans la flèche du temps.

Fractals

Terre inconnue en forme de tore,
lac plus profond que l'ignorance,
nourri par les rivières du doute,
ville d'où partent des routes sinusoïdales
vers des endroits inhabités,
scarabée d'une époque oubliée,
structure à protubérances génétiques,
ces verrues attachées à ton corps,
comme des tumeurs dues à la prolifération
des papillons du derme,
te ressemblent!
Elles portent une couronne tissée par des myriades
de filaments ondulés, qui s'intersectent,
dendrites en nombre impair croissant, dans un point
où tu mets au monde ton bébé,
terre, lac, ville, scarabée,
la peau couverte de tumeurs en miniatures.
Sur tes éclats de chair neuve,
de tendres filaments, cheval marin ou pieuvre,
cherchent la vallée des anémones de mer
et des récifs coralligènes.

Entre les fjords de cette ligne côtière irréelle,
dans chaque noeud de la dentelle,
un descendant itère ton profil
jusqu'à l'énigme du petit.
Molécules continentales,
équations génétiques,
noyaux des structures cellulaires,
pays merveilleux de San Marco,
ensemble de Julia,
formes organiques aléatoires,
images du désordre ordonné,
mathématique du chaos,
vous êtes la création des nombres complexes,
détail qui redevient entier.

Relativité

Le mouvement ne l'effraya pas.
Les rayons le surprirent avec la même cadence,
touchèrent son visage avec la même révélation.
Il franchit le seuil de cette nouvelle sérénité,
sa marche contourna la mesure du temps.
Immobile, son pouvoir se fit l'égal
de sa matérialité, multipliée par le carré
des fugues lumineuses.
Dans sa joie, il vit l'espace
se courber autour de lui.
Il devint un grand corps.

Terre

L'intérieur des cercles
traverse le socle des laves vagabondes.
Le tourment geint à l'oreille des surfaces
et les objets invisibles mordent les franges
du caillou, jusqu'aux fibres des bûches,
jusqu'aux viscères des épis,
jusqu'à l'équilibre des pudeurs,
dans l'enfance des peuples ensevelis,
pour la gloire des fantômes, sur les plages des vents.

Roches

Eau dorée à l'intérieur des écailles,
rage métamorphosée des volcans,
déchirure d'arc-en-ciel fossile
colorant la matrice de la couche,
sonorité des vies cassées
par l'avalanche des millénaires
vagues figées sur les vitres des failles,
plaques mobiles sous des époques en pierre.

Plantes mathématiques

Formes polychotomes,
enfants des probabilités de transition,
tiges frêles comme la vie,
fleurs de persil allumées par la fonction
de transmissibilité.

Combien de fois êtes-vous sorties de vos bourgeons
sans racines, caressées par le vent de l'esprit?
Le miel de vos pétales attire les papillons
de la chance.

Votre simplicité donne, à la nature, le goût
de se reproduire par équations,
comme les chaînes insulaires.
Vos branches atteignent les quatre coins du monde,
par dichotomie.

La sol qui vous nourrit touche les parallèles
et les méridiens de la pensée.
Vos spores et pollens assurent la prolifération
des silhouettes complexes.
Vos ensembles suivent la couleur de la raison.

Humanité

Frayeurs des mondes parallèles,
immenses solitudes à partager,
anniversaires sans justice,
portraits entre des serres de vautour.
Des clowns mimant des scènes d'existence
regardent les oiseaux partir
vers des printemps réinventés
au carrefour des meurtrissures.
Joueurs sur l'échiquier de l'impudence,
à l'horizon des flammes sur les corps,
tranches de vie pour des marchands de mort.

Marée noire

Les voyageurs enterrent dans la boue
le souvenir des vols assassinés.
Le courant cru rejette l'algue noire,
emprisonnée dans sa gemmule.
Des poissons d'or propagent par leurs veines
la vague du délire pestiféré.
Sous le regard des laves engourdies,
les eaux déplorent l'ombre sans refuge.
Dans la marée enceinte d'agonie,
tous les cadavres nus des innocents
s'en vont dormir entre des vents de suie.

Oiseau

L'oiseau-triangle
caresse la courbure du silence
taché d'azur.

L'aigle dort sous l'oeil de la tourmente.

Le jour s'élève d'une goutte d'aurore
sur les pétales des nombres.

Un plein se fragmente en détails de nuit
et le temps se poursuit
dans l'espace éclaté des points sombres.

Pensée

La pensée enveloppe les formes visibles
et dissimulées, toute grandeur
réelle ou hypothétique.
Ce qui existe en dehors de la figuration,
n'a pas voulu se faire observer,
n'a pas voulu se faire imaginer.
C'est peut-être le bi- ou multi- vers,
dont personne ne rêve, dont personne ne parle.
Seul l'univers, qui nous a créés,
est pensable.

Nous devenons...

Solitude

Rêvant auprès de moi je compte les secrets
Des souvenirs perdus qu'effleure mon histoire.
Le temps se cache seul dans ses instants de gloire,
À l'aube qui s'en va, j'accroche mes regrets.

Le mot devient l'ami de l'idéal figé,
Dans le récit vivant un drame sans déboire.
Une oeuvre se nourrit de preuves illusoires,
J'attends une réponse au cours de mon trajet.

La nuit respire mal par la fenêtre ouverte;
Comme des yeux béants sur la maison inerte,
Un univers sans bruit se glisse entre mes doigts.

Béni par le reflet de ces lointains voyages,
Que des rayons de ciel achèvent sur les toits,
Mon livre de chevet s'endort entre ses pages.

Cordes, supercordes

Les courbes sont enceintes
d'infinités de points,
se figent les empreintes
aux alentours des coins.

Des angles qui soupirent
s'épuisent à compter,
pour façonner des spires,
des fils d'éternité.

Ni haut, ni bas, ni centre,
ne trouvent le repos,
leur amalgame rentre
dans le volume clos.

Entre ses doigts, l'espace
laisse couler des noeuds,
il arrondit sa trace
en respirant des creux.

Espace

Peut-on imaginer un monde qui s'élance
Vers des points étrangers aux espaces connus?
Un être tournerait ses mouvements ardus
Dans un miroir abstrait, pour rencontrer sa chance.

La part de notre corps, que cette étrange danse,
Ferait appartenir aux quatre traits perçus,
Serait vouée aux lois des univers perdus
Pour le cerveau banal qui, par la sphère, pense.

Au centre du volume étant habitué,
L'homme, d'un autre sens, ne connaît pas l'effet.
Longueur, largeur, hauteur, c'est tout ce qu'il accepte.

On cherche le profil touchant les infinis,
Visage reflété que l'irréel respecte,
Ou notre similaire aux cieux nouveaux soumis.

Espace-temps

Des roses blanches dans l'espace
murmurent la rondeur du temps.
Leur âme sans éther embrasse
la solitude des couchants.

Des rythmes frôlent les surfaces
par l'atmosphère des instants.
Entre des mondes qui s'effacent
soupire l'ombre du présent.

Le devenir reprend sa place
dans le désir du maintenant,
le coeur des astres se déplace
sur la couleur du mouvement.

Les quatre points du ciel enlacent
la vie qu'érode le passant.
Des larmes dorment dans l'espace,
des cendres coulent avec le temps.

Immobilité

Caché par son décor, le temps est immobile.
Nous parsemons des pas devant les bras tendus
De ces tableaux errants, où nous rêvons émus,
En supportant les mois que notre vie enfile.

Passé, présent, futur, leur cours est inutile.
Les jours avaient leur forme avant qu'ils soient connus.
Nous nous sentons vieillir dans les miroirs perdus
De l'avenir si près du souvenir docile.

Les yeux d'un autre plan regardent le chemin
Du jeu de l'existence apprise au lendemain,
Naissance et mort sont là; c'est nous que l'on déplace.

On veut redécouvrir la brise, le courant
Qui vont déjà frôler l'instant perdant sa trace.
Nous sommes les détails, l'ensemble nous reprend.

Hégélienne

Le «Maintenant» agit dans l'heure qui l'annonce,
Ce qu'il nous dit s'efface au son de notre mot.
Un autre temps paraît au rythme du galop,
Quand il s'en va mourir, son coloris s'énonce.

L'instant que nous vivons s'anime et se dénonce.
Nous remplissons debout le creux de ses échos.
Surprise qui reprend la lutte sans repos,
L'énigme du réveil attend une réponse.

La suite des tableaux, dans sa pluralité,
Transforme la seconde en continuité,
Par des frissons du coeur, un peu de nous se passe.

On fixe une limite à l'horizon du jour,
L'étape fait son jeu dans un climat de grâce,
Demain sera compris après son bref séjour.

Voyageur

Sur le chemin ouvert par le désir du temps
Un idéal poursuit sa lutte avec les rêves.
Le ciel est le témoin des confidences brèves,
Les arbres font pousser leurs branches sur le vent.

Un souvenir s'envole avec les soirs errants,
Des papillons de peur dans le brouillard s'achèvent.
Entre les doigts d'amer un horizon s'élève,
Les herbes cachent mal une âme qui s'éprend.

On porte le fardeau de nos espoirs fugaces,
Sur le bateau des jours qui glissent sur les traces
Des vagues qu'un hasard enfante pour demain.

À l'autre bout du monde habite la demeure
Qui montrera sa porte au voyageur prochain,
L'étoile qui sourit, dans son éclat se leurre.

Inquiétudes

Les cloches du cerveau résonnent de pensées,
L'esprit rejoint le ciel quand l'horizon s'enfuit.
Dans le regard des jours, les yeux cherchent l'appui,
Ils marquent les instants du sceau de leurs idées.

L'espace a la couleur des forces parsemées.
Le coeur fera surgir ses crêtes de la nuit.
Sur leur éternité s'arrêtera le bruit,
Un peu d'amer s'éloigne avec nos destinées.

Le fils nous prend la main pour déchiffrer le temps
Que l'avenir attache à son habit d'enfant.
Ses larmes font crier les peurs qui nous agitent.

Ils partiront, un jour, les fous qui brûlent l'air;
Le monde portera les farces qui l'habitent
Jusqu'au réveil de l'eau qui surprendra l'enfer.

Vie

Un jour le monde se fait nous.
Coquilles voguent à leur guise,
Alertes pour le rendez-vous
Avec la mer, avec la brise.
Nos silhouettes se précisent
Dans leur récit de voyageur.
Du sable chaud pour l'heure exquise
Traverse le tamis du coeur.

Le ventre de la terre est roux,
L'écorce tremble, se divise.
Les arbres dansent sur son cou.
Les glaces forcent la banquise.
Le bras des singes s'éternise,
La grotte engendre des lueurs,
L'étoile d'une gloire acquise
Traverse le tamis du coeur.

L'enfant se plaît sur mes genoux,
Ses yeux se comblent de surprises.
Le chant apaise le courroux.
La vitre du passé se brise.
Les villes croissent, s'égalisent,
La foudre tombe sur les fleurs,
Le signe d'une image grise
Traverse le tamis du coeur.

ENVOI:
Tu es la loi qui mobilise
Pour le duel avec la peur!
Ta volonté qui nous aiguise
Traverse le tamis du coeur.

Relief

La vie est un relief sculpté par la douleur,
D'un monde qui fleurit sous le regard des tombes.
Le vent érode l'os de l'être qui succombe,
La vague s'enrichit en sable de valeurs.

La source fait jaillir un idéal porteur
D'espoir et de sanglots tournés vers l'hécatombe.
La rage des ennuis allumera la trombe
De ces ruisseaux courant à l'ombre de la peur.

Les plaines portent l'or des oeuvres qui mûrissent
Sous les rayons bénis des forces créatrices.
On touche le sommet de l'immortel géant.

Les terres de nos jours sont peintes de collines.
Pour voir l'inattendu de ce bonheur errant,
Les roches de nos bras nous lancent et nous dessinent.

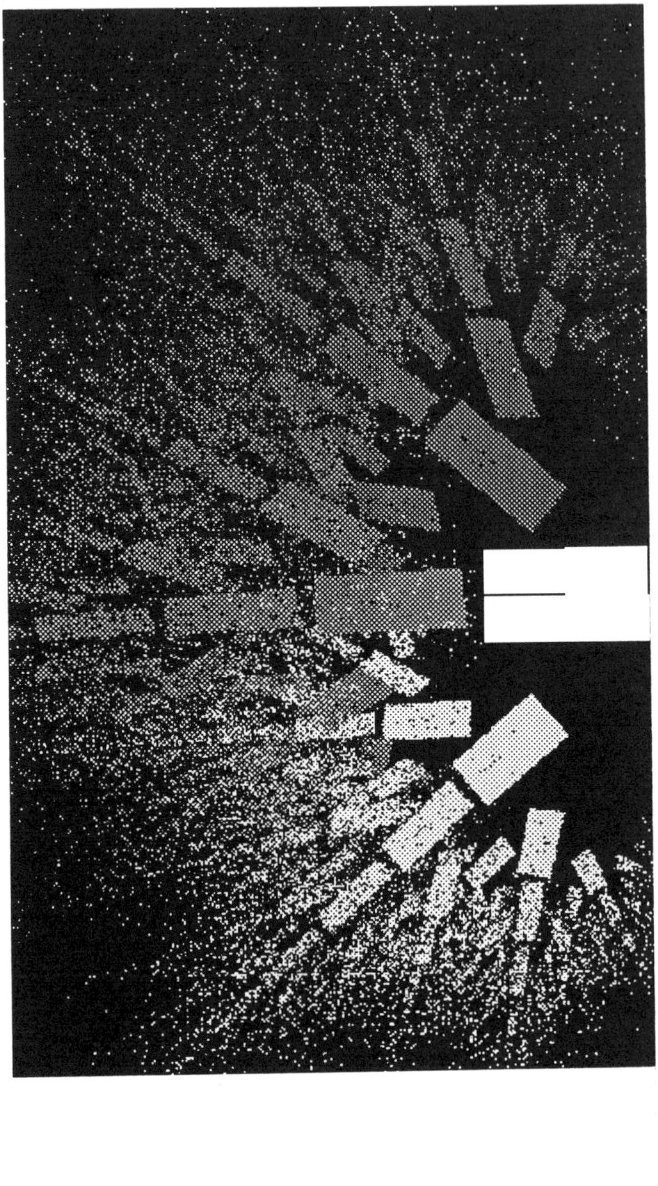

Arbre

Le corps agenouillé sur le tapis du temps,
Il perce le sol froid de sa racine mûre.
Le ciel est fragmenté par sa couronne pure,
Dans ses anneaux, songeur, il compte les printemps.

L'espace se prépare à saluer longtemps
L'écho de l'arbre nu, caché dans sa courbure.
La majesté reprend sa permanente allure,
Dans le combat du bois contre le cri des vents.

Des marques du soleil, une ombre le protège,
Du fond de son silence émane le solfège
Des troubadours errant sous l'aile de l'éclair.

D'un monde sans revers il porte le présage.
Quand le couteau vivant le touche dans sa chair,
Dans la forêt qui meurt, il cache son visage.

L'Inventeur

Le rayon de ses yeux décrocha la lumière,
Dans ses veines coulait la richesse des eaux.
Arraché pour un temps à l'écorce de terre,
De ses cendres, plus tard, il refit ses berceaux.

Il voulut que son âme inventât le déluge,
C'est alors qu'il se mit à prier devant Dieu.
Une main le guida vers son propre refuge,
Par son corps, il sentit le réveil de l'adieu.

Il couvrit de son sang un espace mobile,
Ramasseur passager d'un trésor incertain.
L'océan entourait sa demeure tranquille,
Pour les fils à venir, il forgea le destin.

La poussière des os soulagea sa famine,
Son épaule bâtit les remparts des cités.
Désireux de gravir la montagne divine,
Il planta son défi dans le sol des aînés.

Il ne fut que fumée, apparence, faiblesse.
Il souffrit sous le poids d'un péché sans raison.
Son esprit composa des refrains de tristesse,
Fatigué par le ciel, il ferma sa cloison.

Ballade de la Faim et de la Soif

Leurs faces mordent le regard,
Leurs gestes parlent dans la bière.
On vient au monde à tout hasard
Dans l'atmosphère familière
Des ogres dévorant la pierre.
La faim les met à l'unisson.
Le sang s'écoule des gouttières,
Ils filent un mauvais coton.

Un jour chacun voudra sa part.
La soif va parcourir entière,
La bouche ouverte, l'oeil hagard,
Le coeur des peuples sans frontières
Allumera cette misère.
Les doigts déchirent l'horizon
Portant des taches de lumière,
Ils filent un mauvais coton.

L'ami prépare son départ,
Le cri répond à l'âme fière.
Pour d'autres larmes il est trop tard,
Le bois rappelle les sorcières
Qui boivent l'eau de la matière.
Les âges portent sur leur front
Une couronne de paupières,
Ils filent un mauvais coton.

ENVOI:
Tu es le spectre sans manières,
Chassant les tombes des saisons.
Tes fils descendent les rivières,
Ils filent un mauvais coton.

Descendant

Tu es le descendant de ce désir premier
Qui partagea le monde en larmes solitaires.

Tu sens dans ta poitrine un arbre déployer
Ses branches de pitié sur le repos des terres.
Les algues du cerveau s'épanouissent légères,
Au fond des océans leur âme vient prier.

Tu passes d'une image à l'autre sans broyer
L'espace qui remplit les ombres prisonnières.
Ton souffle se mélange aux transgressions des ères,
En façonnant les dieux, tes mains vont s'effrayer.

Tu joues avec le bras du permanent levier
Pour soulever le front des crêtes de poussière.
Vestiges du passé embrassent les paupières,
Parmi ses revenants, l'histoire veut régner.

Tu te promènes un peu pour découvrir l'entier
Des éléments perdus sur des trajets primaires.
Le sang des minéraux agite tes artères,
À l'horizon s'éteint la croix que tu portais.

La montre ralentit la marche du sentier
À l'aube d'un matin porteur de primevères.

Cendres

Je me souviens des morts qui sont pétris de terre,
Leur ombre nous regarde avec des trous géants.
La solitude rit dans le silence errant,
Ils reviendront plus tard se partager nos ères.

Je les avais connus ces êtres dans les bières,
Marchant à leur côté sur les débris du temps.
Leur coeur était rempli de peur et d'océans.
Le ciel se dessinait dans le reflet des pierres.

J'ai ramassé l'espoir, les heures, les défis,
En regardant passer les jeux de ces récits,
Les tisserands muets des mailles de l'enfance.

Ce soir, l'horloge bat pour s'arrêter un peu
Sur les tombeaux figés dans leur indifférence.
Les braises vont dormir quand s'éteindra leur feu.

Postface

L'Humanité est riche en savoir accumulé, en découvertes chronologiques et spectaculaires sur un monde, devenu plus qu'une réalité accessible. À travers la connaissance, l'Univers, qui nous a voulus présents sur la planète Terre, pour l'observer et le comprendre, se dévoile aux yeux de la compréhension, dans son infiniment grand comme dans son infiniment petit.

Le poète, blotti dans son refuge de curiosité, se nourrit d'une fascination nouvelle, qui lui fait voir, au-delà du palpable, une beauté étrange et sans limites, celle du paysage qui dépasse les frontières de l'espace et du temps des humains, pour s'intégrer à l'espace temps universel.

Des lois, des forces, une mathématique physico-cosmique régissent les grands corps, expliquent l'extravagance des entités quantiques, mettent de l'ordre dans le désordre, qui fructifie le chaos. L'Univers, né minuscule, se soumet vite à une volonté explosive et d'expansion, qui donne à la matière le goût et le temps de rayonner pour la gloire de la vie.

Table des poèmes

Composition
chez Jocelyne Laxson
et imprimerie
à la maison Hignell